오버 스파클링 유스

연희소 시집

FOREST
WHALE

머리말

청춘이 어느 순간 톡톡 튀기 시작했다면
그건 사랑이 시작된 그 어느 날의 감정이 아니었을까?
라는 생각을 하게 되었습니다.

푸르른 날 땀을 흘리다 마신
탄산수 하나에 괜히 기분이
상쾌해져서 웃음 짓다가도,
다른 사람도 다 그 탄산수를 마시고
있음에 속상해하기도 하고,
또 목에서 팡 터지는 탄산에 따가워
눈물도 맺혀보는 그런 사랑을
다들 한 번쯤은 해보지 않았을까요?

저는 그 탄산수와 사랑을 열여덟이라는 청춘에서
또 청소년의 끝자락에서 시로 노래하려 합니다.

여러분에게 청춘을 담아낸 사랑이란 무엇인가요?
또 어떤 형태로 여러분을 맞이했나요?
이 질문을 잘 기억해 주세요.

목차

머리말   * 02

1부
나의 청춘에게 쓰는 편지

춘몽	* 14
어린愛	* 16
유영	* 18
사랑이 원래 이런 건가요?	* 20
여름 오는 소리	* 22
이름	* 24
밤 편지	* 25
중독자	* 27
도미노	* 29
칵테일 한 잔은 너에게	* 31
갈증	* 32
봄인데도 여긴 아직 겨울	* 34
사춘기의 붉은 색	* 36

외사랑도 사랑이랍시고	* 37
고무줄놀이	* 39
세레나데	* 41
자각몽	* 42
감기	* 44
오늘따라 저 달이 참 예뻐서	* 45
더 포레스트	* 47
책갈피	* 48
오답 노트	* 50
불신 주의자	* 51
여백을 존재하지 않게 했어	* 53
청춘 알러지	* 54
풀어헤친 신발 끈과 떨어진 우산	* 56

2부
푸름 한 조각을 꿀꺽

여름 불시착	* 60
쉿! 시크릿 사랑 레시피입니다	* 62
푸른 장미	* 63
필통	* 65
내 집이 되어줘	* 66
사랑이 전부인 이야기	* 67
7942	* 69
밤을 달려서	* 70
이카루스	* 72
습관	* 73
언어유희	* 75
너 같아서	* 76
영원이라는 모순	* 77

404 not found	* 78
꽃 텃밭과 채소 꽃밭에서	* 79
나를 영원에 묻어줘	* 80
아킬레스건	* 81
시나브로	* 82
우리의 시절을 삼켰어, 나는	* 83
99	* 85
마음 컵라면	* 87
오늘만 널 사랑해	* 88
양치기 소녀	* 90
색깔 물감 물에 풀기	* 91
넌 내가 제일 버리기 쉽지?	* 93

3부
스파클링을 삼키던 밤의 가닥에서 쓰는 사랑

인간중독	* 96
123	* 97
초콜릿	* 98
푸르던 우리의 계절은	* 100
폭망	* 102
연서	* 103
특이 체질	* 105
매몰 비용	* 106
소용돌이	* 107
나보다 딱 하루만 더 살아줘	* 108
오버 더 문	* 110
짝사랑이 제철	* 111
미완의 노래	* 112

지구력	* 113
이름도 모르던 사이	* 114
연애 고사	* 115
블루밍	* 117
사랑옵다	* 118
달맞이꽃	* 119
하늘구름눈물한방울	* 120
여행용 티슈	* 121
2의 편지	* 122
캠프파이어	* 124
오후 9시부터 새벽 2시	* 125

4부
오버 스파클링 유스

아주 약간의 시간 낭비	* 128
버튼	* 129
델피니움	* 130
미로	* 132
나는 네게 모닥불	* 134
환영	* 135
레모네이드	* 136
한 바퀴 반을 돌고 또 한 바퀴 반을	* 137
엑스트라	* 139
사랑이라는 날	* 140
줄타기	* 141
전부	* 142
비행운	* 143
시차	* 144

문스트럭 투 유	*145
일차선도로	*146
우연이라도 마주치지 말자	*147
사랑 방정식	*148
해바라기	*149
아라비안나이트	*150
눈치는 누가 없는 건지	*152
칼로리는 0입니다	*153
우산도 없는데 벌써 장마야	*154
사랑 맛	*155
나한테 청춘은 과하게 톡톡 튀어	*156
작가의 말	*158

1부
나의 청춘에게 쓰는 편지

TO. 나의 청춘에게

너의 푸르름은 늘 나를 미소 짓게 했고
너의 목소리는 하루의 시작을 깨웠어.

다시 너라는 푸름으로 돌아간다면
그때는 너를 청춘으로 정의하고
조금 더 그 푸르름에 마음을 맡길래

어떤 미련도 후회도 없도록

내가 그때 너를 조금 덜 좋아하려고
노력해서인 걸까? 아직도 너를 더 좋아하고 싶어
하는 마음만 남아 있어,

춘몽

어렸던 봄날의 이야기
쓰리던 그날의 기억을
나는 오늘도 꿈으로 꾸었다
이를 춘몽이라 하였다
봄을 꾸는 꿈, 그리고 봄 같던
당신을 꾸는 꿈

나는 아직 봄을 기억한다
그리고 당신을 추억한다
당신은 꼭 꿈 같아서
사랑이란 잠에서 깨어난 나는
아직도 그 여운 안에 살아 숨 쉰다

여름이 와도 잊히지 않는,
여름보다 더 푸른 봄날의 기억을
여름보다 더 시원한 당신의 이름을
그날의 사랑과 청춘을

나는 춘몽이라 불렀다

긴 낮잠에서 일어난 나의 물컵엔
언제인지 모를 봄날의 꽃이 담겨 있었다

어린愛

그저 사랑이 하고 싶었다
그 마음이 너무나 커서, 익혀낼 시간이 부족했고,
그 사랑은 어리게, 세상을 마주했다
그리고 너는 그 사랑을 맞이하지 않았다

그래, 네가 그 사랑을 맞이하기에
내 사랑은 너무나 어린 모습이었다
덜 자랐고, 그래서 덜 달콤했다
또, 더 씁쓸했다

나는 어린애같이 그 어린 사랑을
들이밀었고, 쓴맛은 미뢰를 자극했다

너는 결국 사랑의 쓴맛을 기억했다
중간의 살짝 달콤한 맛은 전부 빼먹은 채로

그러니까, 이건 절대 네가 내 사랑을
받지 못해서가 아니다
그냥 내 사랑이 어렸을 뿐이다

그래, 절대 네가 잘못한 게 아니다
내가 너무 미성숙해서, 그래서 그렇다

유영

오늘도 너는 내 마음을 유영했다
잔잔한 마음을 헤집으며 다닌 너로 인해
나의 우주에는 일렁임이 생겨버렸다
보여 줄 것이 없던 우주에는
이제 탐사를 시작한 네게 보일 마음이
너무나 많아졌다

그 탐사를 마칠 즈음이면 너도 나를 알 것이라고
그렇게 된다면, 우리는 가까워질 것이라고
끝내 서로의 손을 마주 잡고 서로의 우주를
자유로이 누빌 것이라고 믿었다

하지만, 네가 내 마음에 들어와 있는 동안
그 어떤 변화도 없었다
나는 너라는 우주를 떠돌며 널 탐사했지만
그 어떤 반응도 없었다

그래서 나는 오늘 너를 보고 꼭 질문하고 싶다
혹시 내 마음에 대한 탐사는 아직도 안 끝난 것이냐고

사랑이 원래 이런 건가요?

왈칵거리며 속 안에서 무언가
잔뜩 쏟아져 나왔다 저녁에 먹은 음식 때문인지
아니면 네 배려를 먹은 거 때문인지
속이 안 좋아져서 소화제를 하나 뜯었다

침대에 누우니 눈에서는
눈물이 잔뜩 쏟아 내렸다

내가 널 사랑하는 거만큼
내가 널 생각하는 거만큼

너는 사랑하고 생각하고 보지 않는 걸 알아서
네가 나에게 주는 사랑은 단순히 관계 유지라는 명목을
위해서라는 걸 내가 너무 잘 알아 버려서
오늘도 속을 게워 내고 주저앉아서 울었다

네가 나에게 주는 사랑은 나에게는 너무나 큰
치사량의 애정이다. 이성의 감정이 아닌 주변인을
대하는 태도로 나에게 주는 사랑이
나에게는 썩어가는 사람을 제조하는 방법이다

그래서 나는 오늘도 침대에 누워 천장을
보고 질문을 하나 던진다
답이 오지 않을 질문을 던진다

사랑이 원래 이런 건가요?

여름 오는 소리

쨍한 햇빛이 날씨를 감싸안았다
흐르는 땀방울이 옷을 적신다
그리고 그런 나의 앞으로 저벅거림이 들린다

아침 기온이 20도가 넘고
입하를 거쳐 하지가 찾아오기 직전의 날
해는 질 생각 없이 시간이 8시가 넘어가면
그런 날의 마지막, 핸드폰의 알람이 울린다

오늘도, 어김없이, 또, 너다
해가 뜨거워 눈을 가리면 앞으로 걸어오는
지는 해를 바라보면 하루를 마치라는 듯이 오는
그 모든 주인공은 계속 너였다

여름이 오는 소리가 들린다
매미의 울음소리, 수박이 깨지는 소리
그리고 네가 걸어오는 소리가 들린다

여름이 오는 소리가 들린
밤에야 뉘엿뉘엿 지는 해, 아이들의 웃음소리
그리고 너의 연락 소리가 들린다

올해도, 너는, 어김없이, 내 여름이다
네가 걸어오면, 나는 여름 오는 소리를 듣는다

이름

사랑을 표현할 수 있는
수많은 단어를 떠올리다가
나는 결국 네 이름을 골랐다

너에게 너의 이름을 부르는 일이
나에게는 사랑을 표현하는 가장 큰 용기였다

밤 편지

해가 고요히 잠에 든 그날 밤
나는 서랍 속 편지지를 꺼내어
조용히 만년필을 서걱댄다

달이 세상을 비추려 뜬 오늘 밤
나는 숨죽인 세상 속, 음유시인이 되어
편지지에 조용히 너를 노래하는 글을 쓴다

별과 달이, 바람이 뜬 하늘에
나를 바라보는 너의 미소가
떠 있다면 얼마나 좋을지,

내 생각과 마음을 끄적인 이 글을
네가 볼 수만 있다면 얼마나 좋을지

새벽녘 동이 트면,
이 전해지지 못할 편지를

서랍장 안에 넣어 놓고
또다시, 너의 이름을 부른다

밤의 감정을 담아 해에게 쓴 편지를
그렇게 꾹꾹 눌러 담아 둔다

나는 오늘도 나의 밤 편지가 낮에도 유효하기를 바랄 뿐이다
아무것도 못 하고 그냥 바라기만 할 뿐이다

중독자

내 마음은 너에게 중독되어서
단 하루도 너를 보지 않고는
하루의 시작을 하기에는 힘든데,

내 하루는 너에게 중독되어서
단 한 시간도 너를 생각하지 않으면
하루의 끝을 마무리하기 힘든데

단, 한순간이라도 나에게 눈길도
주지 않은 네가 나는 대체 뭐가 그리 좋아서
한 번이라도 나의 눈을 보며 대화한 적 없는
그런 네게 말을 거는 게 뭐가 그리 행복해서

오늘도 나는 네 말 한마디 한마디에
의미 부여나 하면서 사는
그렇게 너에게 중독되고
사랑에 잠식되는

그런 비참한 중독자

도미노

바람에 살랑이던 마음이
한 사람의 입김에 와르르 무너진다
네가 나를 좋아하지 않는다

햇빛에 일렁이던 생각은
한 사람의 걸음에 다시 또 쓰러진다
네가 저 멀리서 걸어온다

수백 번 세우고
수천 번 무너뜨린 마음이
너를 보면 다시 또 넘어질락 말락
휘청거리고 자기들끼리 수군거린다

오늘도 너를 보고 카운트 다운을,
무너질 마음의 준비를 할 시간을

저 앞에 네가 있다

오늘도 마음은 셋, 둘, 하나, 도미노

칵테일 한 잔은 너에게

마음을 담은 꽃 한 송이와
사랑 베이스, 셰이커에 넣고
셰이킹

용기 시럽과 마음 주스
블렌더에 넣고 달콤한 내음의 과일 몇 개를 넣은 뒤에
블렌딩

톡 쏘는 짝사랑 탄산수와
너에게 줄 관심을 컵에 담고
스터닝

하트 모양 컵에 쏟아부어서
만들어 낸 칵테일

그 한 잔을 너에게

갈증

새벽 3시 혼자 물을 마시면서
오늘도 마음을 꾹 눌러 담기로 다짐해

오전 7시 물을 마시면서
오늘도 널 보고 웃지 않기로 다짐해

낮 12시 물을 마시면서
오늘도 너에게 연락하지 않기로 다짐해

오후 4시 물을 마시면서
오늘도 너를 보면 말을 걸지 않기로 다짐해

오늘만 벌써 몇 번을 물을 마셨는데
너를 보니 목이 타서
아까 한 다짐은 전부 잊고
웃으며 말을 걸고 또 연락하니

어쩌면 내가 지금 느끼는 갈증은
사랑의 부재로 느끼는
마음의 갈증일지도 몰라

봄인데도 여긴 아직 겨울

너와의 청춘을 떠올리면
여기는 아직 겨울이다
푸른 봄이 와도

너와의 대화를 떠올리면
그래, 추운 한파가
몸을 감싸고
입김이 나온다

푸른 봄이 오고
다른 사랑이 와도
너를 잊지 못해서

계절이 수십 번 바뀌어도
여기는 봄이 찾아왔는데도

너라는 사람을 잊지 못해
춥디추운 여긴 아직 겨울

사춘기의 붉은 색

별거 아닌 일들에 괜히 상상하며
볼에 비친 홍조에

가끔 네 옆에 있는 다른 사람이 싫어,
괜히 속상해 붉어진 눈가에

너를 보고 삐걱대다가
밤중에 떠올라 분홍빛으로 물든 얼굴에

어린 사춘기가 겪을 수 있는
모든 붉은 색을 담았어

그 붉음에 짧게 입 맞춰줘

외사랑도 사랑이랍시고

마음을 표현하는 일은
그다지 어렵지 않았어
솔직한 편이었으니까

자존심을 버리는 일도
그다지 어렵지 않았어
널 위해서라면 그깟 게
뭐가 중요하겠어

그렇게 너는 내 마음을 알았어
그런데 나는 아직도 널 모르겠어

그렇게 많은 표현을 했어
그런데, 난 아직도 네 표현 하나하나가 헷갈려

너는 날 알지만
나는 널 모른단 말이야

그래, 이깟 외사랑도 사랑이랍시고
계속 널 위해 자존심을 버리는 나를 보면
더없이 비참해져
한없이 무너져 난

고무줄놀이

기찻길 옆 오막살이
흥얼흥얼 노랫소리
고무줄을 넘나들며
오후 4시를 기다려

걸어오는 너를 보고
아무렇지 않은 듯이
넘던 고무줄을 계속 넘으며
네가 멀어져 갈 때까지 기다려

기찻길 옆 오막살이
아기 아기 잘도 잔다
나는 잠은 무슨 꿈도 못 꿔

오늘도 말 한번 걸어 보지 못하고
네가 가는 길목에서
흥얼흥얼 노래를 부르며

하던 고무줄놀이를 마저 해

내 모습을 기억하고
내 목소리를 들어 달라고
멀리서라도 바라봐 달라고

직접 네게 말을 걸 용기는 없거든

세레나데

하나의 청춘을 가득히 실어서
밤공기에 태워 너희 집 창문에
보내 놓을게, 아침이 되면
그 청춘을 읽고 답장해줘

푸름과 사랑만을 담은
너만을 위한 세레나데를 펼치며

아직 가진 거라고는 마음뿐이지만
그 마음이 너무나 커서
표현하지 않고는 못 배기겠어

그런 생각을 담은
단지 너만 볼 자신이 있는
그런 세레나데를

나는 오늘도 한밤에 태워 보내
너에게 닿기를 바라면서

자각몽

꿈을 하나 꿨어
네가 나에게 꽃을 주는 그런 꿈

꿈을 하나 꿨어
네가 나에게 짧게 입 맞추는 그런 꿈

꿈을 하나 꿨어
네가 나를 보며 밝게 웃는 그런 꿈

깨기도 전에, 이미 그 꿈속에서
이 상황이 꿈이라는 걸 알았어
너는 나에게 단 한 번도 그런 적 없기에
눈을 채 다 뜨기도 전에 알았어

이게 꿈이라는 걸 알았지만
그 알음을 들키고 싶지 않아서

지금, 이 행복이 눈을 뜨면
전부 한순간에 사라질 걸 알아서

억지로 눈을 더 꽉 감아봐
이 자각몽에서 깨고 싶지 않아서

감기

감기에 걸리기 전으로 시간을 되감아
그때로 돌아가면 우산을 쓰지 않고
널 그대로 지나치겠지

감기에 걸리기 전으로 돌아가
그렇게 비를 흠뻑 맞고 나면
몸만 감기에 걸리고 마음은 멀쩡할 거야

그때 왜 하필 너는 우산이 없어서
또 나는 왜 하필 우산이 있어서

같이 나누어 쓴 우산에
감기는 면했지만, 마음은 아직도 열이 나

내 마음은 사랑이란 감기에 걸려서
영원히 낫지 않을 열병에 앓고선
오늘도 너를 그리며 기침해

오늘따라 저 달이 참 예뻐서

달이 참 예뻐서
널 좋아한다고 저 달에 대고
소리치고 싶어

저 달로 여행을 간다면
깃발을 하나 꽂아
거기에 네 이름을 새길 거야

나의 우주야
또 나의 마음아
내 주변을 맴도는 나의 짝사랑아

지구는 지금 공전하는 달을 사랑해
달에게는 당연한 루틴에
지구는 자꾸 의미를 부여해

나의 달아
오늘따라 하늘에 뜬 저 달이
너무나 밝게 빛나서

그래서 네 생각이 났어

더 포레스트

알 길 없는 저 숲속에는
대체 무엇이 있을까
그 호기심이 하루를 바꿀 줄
누가 알았을까

무성한 마음 나무를 거치고
가시 돋은 사랑 꽃밭을 지나서
푸른 생각 계곡을 지나면

그제야 보이는 이 숲길의 끝은
네 마음이었음을, 내 생각이었음을

너를 그리며 걸어온 그 숲속에서
나는 단 한 번도 네 이름을
되뇌지 않은 적 없었어

너의 숲에 나의 마음을 심어줘

책갈피

우리라는 책을 읽어 내려가며
조용히 나는 끝을 짐작했어

그래, 때로는 끝이 보이는
책들이 있기 마련이기에
우리의 책은 그런 책이었기에

조용히 책갈피를 꽂고
책을 잠시 닫아두는
그런 선택을 했어

내가 끝을 보려고 하지 않으면
우리의 끝이 다가오지 않을까 봐
또 우리의 끝을 알 수 없을까 봐

잠시만 우리의 마지막을 회피할게
책갈피를 꽂은 부분부터는
우리 다음에 읽는 걸로 하자

오답 노트

마지막 연애가 끝물에 다다를 때
연애 오답 노트를 써둘 걸 그랬어

너와의 만남에서 실수할 줄 알았다면
그 노트를 정말 소중히 여겼을 텐데

다시 한번만 기회를 줘
내가 연애를 복습해 올게

불신 주의자

나는 불신 주의자로 나를 정의하고는
내가 받아온 호감의 조각을
애써 맞지 않는 퍼즐로 치부하곤 해

불신 주의자가 되기로 다짐한 건
누군가, 나에게 준 사랑,
그 화사함 속 불을 못 보고
잔뜩 몸이 데여 운 뒤부터였어

나는 그 호감의 조각을
윤슬이 빛나는 바다 아래로
붉게 타오른 불 그 속으로
전부 던져버리고는

너의 사랑을 또 불신해 버리고는
한 번만 더, 너에게 나를
구원하기를 바라

참 바보 같고 얼빠진 불신 주의자를
아직까지도 사랑해 주기를 바라

여백을 존재하지 않게 했어

텅 빈 하얀 공간 안에
홀로 남은 여자는 잔잔히
너의 이름을 또 곱씹고,

그 이름이 공간 안에
하나의 그림으로 채워지면
그 그림을 보며 웃음 지어

네가 좋아하는 게임으로
네가 웃고 있던 공간으로
너를 좋아하던 계절로

공백을 너의 이름으로 채우며
마음에 여백을 존재하지 않게 했어

이 하얀 방 속 주인공은
오늘도 또 너야

청춘 알러지

너와 대화만 하면
심장이 아려와 난

너와 눈을 맞출 때면
손을 가만히 두는 걸 못 하겠어

너를 보고 듣는 모든 순간
푸름의 기억 속 나의 청춘을
한 번 더 응시하는 아름다운 순간에

나는 손등을 꼬집고
목 뒤를 자꾸만 만져

네가 싫어서가 아니야
내가 그 청춘에 알러지가 있나봐

너를 좋아하는 마음이

자꾸만 커져서

그 따가움을 견디지 못하는 건 가봐 나

풀어헤친 신발 끈과 떨어진 우산

너의 걸음은 오늘도 나를 빗기고
쏟아지는 빗물은 어깨를 적셔

풀어진 신발 끈을 묶느라
내 우산이 떨어지는 걸 못 본 건지,
못 본 척하는 건지 가버리는 네게

달려가서 말을 걸고자
다 풀어헤친 신발 끈을 밟고

걸음이 맞지 않는 너를
애써 종종걸음 급하게 따라가며

빗물 속에서 아무도 모르게
살짝 눈물을 흘렸어

2부
푸름 한 조각을 꿀꺽

푸름을 한 조각 베어 물었더니
태어나서 처음 느껴보는 맛이 입안을 휘감았다.

쓴맛인지 단맛인지
구분할 수 없는 맛의 조각이
입안을 돌아다니며 연신 입안에서
나와야 할 말들을 어지럽혔다.

알싸한 향연과 매콤한 통증이
머리 안을 휘젓고는 너라는
생각만을 남겨 두었다.

푸름 한 조각에는
말로 차마 다 형용할 수 없는
새파랗고 새빨간 맛들이 들어가서

여름 불시착

여름이 나에게 불시착했다.

그 애가 타고 온 우주선에서는
파란색의 연기가 하늘을
가득 채우며 솟아올랐다

어쩌면 나는 그 연기에 취해서
그 어떤 생각도 더 하지 못하고
불시착한 우주선으로 걸어갔는지도 모르겠다

그 애가 말하던 우주선에서는
여름을 가득 담은 바다 향기가 나서

그래서 내가 그 향기에 홀려
이상적인 판단을 하지 못하고
우주선 안에 머물기를 결정했는지도 모르겠다

그 애는 나에게 찾아온 여름이었고
그해, 그 여름이 나에게 불시착했다.

쉿! 시크릿 사랑 레시피입니다

바닷가에서 가져온 바다 향기 4ml

갓 쪄낸 추억을 담은 조개 8알

작열하는 여름, 너의 붉던 볼을 연상하는 토마토 6개

흔들리던 푸름을 담은 월계수 잎 5장

푸르던 청춘을 담은 꿀 두 스푼

빠지는 재료는 제로

이 모든 걸 넣고 사랑이란 향신료를 담아 푹 쪄내면

너를 보며 만든 시크릿 사랑 레시피, 그 요리의 완성

푸른 장미

소낙비 아래에
우산도 없이 고백하던 내게
건네어진 푸른 장미 한 송이
너는 그 푸른 장미가
이루어질 수 없는 사랑을
의미한다고 속삭였어

그런데 있잖아
푸른 장미의 꽃말은 말야
이뤄질 수 없는 사랑이 아니야
그 장미는 이제 완전한 파랑이 되어
기적이라는 새로운 뜻이
생겨버리고 말았어

내가 너에게
푸른 장미 한 송이를
다시 손에 꼭 넘겨주면

그리고 그 꽃을 말하면

너는 그 꽃을 보며
이루어질 수 없는 기적으로
정의할 건지 물어보고 싶어

필통

당신의 필통이 되고 싶습니다
드르륵 지퍼를 열면
안에 뭐가 있는지 보이는 필통이 되고 싶습니다

당신의 금고가 되고 싶은 게 아닙니다
마음의 비밀번호를
복잡한 여러 개의 수를 눌러야
안에 뭐가 있는지 보여 주는
금고가 되고 싶은 게 아닙니다

내가 그럴 수 있다고
그냥 내 마음의 지퍼를 잡고
열어주기만 하면 된다고
자신 있게 말할 수 있는데

왜 자꾸 금고를 열려고 하나요
그 사람은 금고임을 알면서
왜 필통이 아니라 금고를 열려고 하나요

내 집이 되어줘

돌아갈 곳은 오직 너였기에
몇 초를 새고 뒤돌면
나의 뒤에 서 있어줘

손을 잡아준 온기도 너였기에
차가움 속에서 쓰러지면
벽난로가 있는 마음으로 데려가줘

너는 나의 안식처였기에
네가 내 집이 되어줘

문을 열고 들어가면
안심하고 누울 자리
그런 곳이 되어 줬으면 해

내가 지금 이 문을 열면
다시 내게로 돌아와줘

사랑이 전부인 이야기

우리의 시작이란 책을
조용히 펼치고는
너와의 사랑을 끄적인다

너와의 만남을
그리고 처음과 끝을 장식하던
차가운 눈과 겨울 내음이
전부 져버리고 봄이 피면

그렇게 우리는
제대로 이어지지 못하고
연애의 근처에도 다가가지 못하고

그렇게 전부 끝나버린
그럼에도 옆에조차 남을 수 없는

우리는 사랑이 끝나면
제대로 된 사랑도 하지 못한 채, 끝나면
그렇게 아스라이 사라질

그 이상의 인연은 되지 못할
그냥 사랑이 전부인 이야기

7942

망한 인연을 정의하는
우리의 관계는 그저
서투른 인연의 친구 사이였고

이상의 관계로 만나지
못할 우리의 인연은
그저 거기서 끝난 친구 사이였고

너와의 헛된 사랑을 꿈꾸고
망상에 살았던 한 사람은
추억마저 버려야 하는 신세가 되어서

마지막 남은 미련마저
너와 함께했던 바다에 털어버리고

한 마디만을 계속해서 되뇌어
우리는 '친구 사이'였으니까

밤을 달려서

뜬 달을 밟고
어두운 밤하늘을 달려서
네가 있는 곳으로 갈게
닫힌 창문 아래
달맞이꽃을 두고 갈게

너라는 밤을 달려
네 마음이 있는 곳으로 갈게
너라는 사람이 주는 사랑만
상처도 생각도 깨어나지 않게
조용히 가지고 갈게

오늘 밤이 유독 어두워도
그 밤을 달려서
나는 너에게로 갈게

우리가 아무리 어두워도
나는 너에게 갈 준비가 돼 있어

이카루스

너의 세상에 들어갈 수 있다면
난 나의 날개를 전부 태워도 좋아

너라는 빛을 보며 살아갈 수 있다면
난 나의 눈이 전부 멀어도 좋아

너와 손을 잡고 살아갈 수 있다면
난 내가 날개를 전부 잃고
바다 밑으로 한없이 가라앉아도 좋아

너는 나의 태양, 난 너의 이카루스
널 위해 뭐든 할 수 있다고 말하면
그땐 네가 날 바라봐 줄까?

습관

아침에 일어나 핸드폰을 집고
정말 자연스럽게 너와의 대화창에
들어가서, 문자를 쓰다가
눈물과 함께 문자를 지웠어

이렇게 나와 한 대화가 많은데
너는 왜 내가 아니라 다른
사람을 바라봤냐고 묻고 싶었고
차마 그럴 수 없어서
나오던 말을 체할 때까지 삼켰어

너를 보는 게, 연락하는 게 나는
습관이 되어 버렸는데

너는 왜 내가 습관이
아니었냐고 묻고 싶었어

참 많은 말이 하고 싶었는데
입 밖으로 나오는 말은 단, 한 마디

이럴 거면 왜 그랬어?

언어유희

너에게 뱉은 모든 말이
언어유희였어
사랑과 우정의 선을 가늠하는
언어유희였어

너와의 인연을 홍연이 아니라
말로 떠본다는 게
참 비참하더라 난

우리의 인연을 뜨는
그런 언어유희를
왜 하나도 알아듣지 못하냐고

방 안에 틀어박혀서
너에게 뱉을 말만
조용히 중얼거린 적도 있어 난

맞아, 좀 알아달라고 하는 말이야

너 같아서

짝사랑이라는 감정은
꼭 잡힐 듯 잡히지 않는
너라는 사람과 닮아서

청춘이라는 색깔은
밝디밝은 너의 웃음과
우리가 함께 보낸 밤과 닮아서

우리가 살아가는 시간 속
나의 추억 안에 그려진
모든 순간은

기억 기억을 살아가는 동안 보였던
너와 꼭 닮아있더라

모든 추억에 담긴 모양은
어느 면에서 봐도 너와 같아 보이더라

영원이라는 모순

너와의 사랑이 절대
영원하지 않다는 거를 알면서도
너와의 사랑을 끝끝내 버리지 못하고

영원이라는 모순 속에
그 틀 안에 나를 가둬 놓고
끝을 아는 사랑에서
는 오늘도 영원을 찾아 헤매

404 not found

이 페이지를 찾을 수 없습니다
404 not found

또 한 번 사랑이라는 페이지에
오류가 일었다

수없이 겪어본 오류임에도
여전히 얼빠지게
새로고침만

꽃 텃밭과 채소 꽃밭에서

채소가 자라지 않는 텃밭은
결핍에 허덕이다 이내 꽃을 피웠고

꽃이 자리지 않는 꽃밭은
시선에 헤매다 이내 채소를 키웠어

우리의 사랑은 상처투성이라
꽃이 피지 않는 꽃밭과
채소가 자라지 않는 텃밭이라

결핍을 이내 못 이기고
모순점에 서로를 깎았나 봐

다시 한 번이라도
너라는 텃밭을 만난다면
그때는 꽃을 피우는 너를
환히 웃으며 마주할게

나를 영원에 묻어줘

내가 눈을 감고 나면
너를 사랑하던 시간선 그 어디에
내 영혼을 그냥 툭하고 던져 놔줘

나는 그 시간선 안에서
너를 사랑하던 순간 속에서
일어나지 않고 가만히 누워 있을게

멈춘 시간 속의 너를 찾아서
거기에 몸을 웅크리고 앉아 있을게

그럼 나는 너와의 사랑
그 영원 어딘가에 갇히게 되겠지

내가 눈을 감고 나면
나를 그 영원 안에 묻어줘

아킬레스건

너라는 사람은 나에게는
아킬레스건이나 마찬가지라
없으면 앞으로 걸어가지를 못해

나에게 가장 큰 약점이라
누군가, 너에게 상처를 입히면
내가 더 아파서 일어나지를 못해

나에게 너는 그런 존재야
없으면 안 되고 있으면 아픈 사람이고, 사랑이야

시나브로

처음 너를 마주한 순간은
너의 이름조차 몰라서
툭툭 치며 너를 부를 때였고

그다음 너를 마주한 순간은
꿈에 간간이 네가 나와
내 이름을 부를 때였어

지금 너와 마주하는 순간은
그때에 비해 너를 향한 생각이
너무나 많이 커져서
너를 생각하지 않는 하루는
상상할 수 없는 시간이 되었어

어쩌면 나는 너를 좋아하는 마음을
나도 모르는 새에 조금씩 키워 나갔나 봐

우리의 시절을 삼켰어, 나는

나는 우리의 시절을 머금고
뱉으라는 네 말을 전부 무시하려 해

너는 우리의 추억을 전부
버리기를 바라는데

그 기억을 가진 사람이 우리 둘뿐이라면
내가 그 기억을 어떻게 버려

지나온 추억의 길에 새긴 발자국을
대체 어떻게 없애

우리라는 시절이 만든 인연이
한낱 시절 인연이었다는 걸
어떻게 인정해

나는 아직 추억을 버리는 방법을
배운 적이 없어서, 너처럼 쉬이 기억을
놓을 줄 몰라

그래서 나는 우리라는 시절을
지우자는 네 말을 뒤로하고

우리의 시절을 삼켰어
꿀꺽하고 목구멍이 아려와

99

완전히 채워지지 않은
99%의 사랑을 보며
나는 오늘도 네가 마지막 남은
1%를 채워주길 바랐고

물이 끓는 점에 도달하지
못하고 99도에 멈춰 있는 걸 보며
남은 1도를 네가 올려 주길 바랐어

나는 99까지 올려둔 숫자를
100까지 끌어올릴 힘이 없어서
네가 마지막 남은 1을 채워주길 바라

근데, 너는 그 남은 하나에
왜 다가올 생각을 안 하는지

방 안에서 불완전한 숫자를 보면서
오늘도 혼자 채워지지 않는 1을
어떻게든 올리려고 혼자서 애쓰고 있어

마음 컵라면

컵라면 두 개에 물을 붓고
라면이 익을 때까지 기다려

3분이 지나고 나면
컵라면 하나는 뚜껑을 열고
다른 하나는 다시 닫아두고

닫아둔 컵라면이
불어 터지고 뚝뚝 끊겨도
그 컵라면은 먹을 수가 없어서

너라는 마음을 담아낸
컵라면이 딱 그 모양이야
3분이 지나면 뚜껑을 열어야 하는데
맛없게 불어 터질 때까지도
뚜껑이 열리지를 않아
컵라면을 먹을 수가 없어

오늘만 널 사랑해

너와의 추억이 담긴
작은 편지 하나 버리지 못하고

너와 걸었던 길을 보면
집으로 가는 길이 멀어도 또 돌아가고

너를 봤던 건물도
너와 닮았던 인형도
사소한 물건 하나 제대로 보지 못해

너를 생각할 수 있는
모든 곳에서는 심장이 아리도록
네가 보여서

나는 딱 오늘까지만 너를 사랑하려고
딱 오늘만 너를 사랑해
오늘까지만 집에 돌아갈 거고

오늘까지만 편지를 쥐고 있을 거야

오늘만, 벌써 몇 달째 하는 다짐이지만
오늘만 널 사랑하게 해줘

양치기 소녀

네가 있다는 제보 하나에
내 마음을 지키려고 급하게
너를 보러 뛰어가고

다시는 너를 좋아하지 않을 거라
몇 번이고 떠들고 다니다가도
너를 보면 웃고 있는

나한테조차 솔직하지 못한
그런 양치기 소녀가 되어서

마음에 들어온 너를 내쫓아야 하는 건지
아직도 헷갈려서

어떻게 해야 할지, 모르겠어
그냥 마음이라는 양이나 몰며
살아야 하나 싶어

색깔 물감 물에 풀기

나라는 물에 너라는 색이 들어온 후부터
나는 투명함을 전부 잃고
색이 흐려지진 않을까 고민하며 지냈어

물이 붉어지는 날에는
푸르러지는 날에는
네가 힘든 건 아닐까 고민하고

물이 샛노래지는 날에는
웃고 있을 네 모습에
나도 웃음 지으며 살았어

나라는 물에 너라는 색이 들어온 후부터
나는 투명함보다는 너라는 색에
내 온 신경을 다했어

색깔 물감이 물에 풀어지니
나는 나를 보는 방법을 잊었어
그래도 마냥 좋더라, 좀 한심해 보일까?

넌 내가 제일 버리기 쉽지?

네가 힘들어 보일 때
옆에 있었던 건 난데
왜 네 시선은 내 옆을 향해 있어?

네가 심심해 보일 때
연락을 했던 건 난데
왜 네 목소리는 왜 다른 사람과 대화 중이야?

너를 보고 있던 건 난데
또 네게 시간을 쏟은 건 난데

왜 너는 내가 아니라 다른
사람을 보며 웃고 있어

너는 그냥 그런 사람이었던 거야?
아니면, 정말 내가 가장 버리기 쉬웠어?

3부

스파클링을 삼키던 밤의
가닥에서 쓰는 사랑

따가운 스파클링이 목을 치고 지나가던 밤
나는 오늘도 그 밤하늘에
잔뜩 터지는 탄산으로 너를 그렸어

목구멍이 아려왔고
탄산으로 그려진 그림을 보는 눈이 아팠어

그래도 너를 생각할 수 있던
그 밤이 나에게는 꽤 긴 기쁨으로
남아 있을 거야

스파클링을 삼키던 그 밤을
나는 영원히 기억 속에 묻어 둘래

인간 중독

아플 걸 알면서 시작한 사랑이었고
예측은 하나 빗나가지 않아
심장의 아림은 병적으로 뛰어서

사랑이 이뤄지지 않을 걸 알면서
붙잡아 본 기적이었고 여전히
기대에 부응하게 무심히 그
기적은 나를 떠나며

상처를 알고도 사랑한
바보 같고 얼빠진 누군가는
너라는 사람에 중독되어
그래, 여전히 인간 중독이야

123

하나, 둘, 셋을 셀 테니까
눈을 뜨면 내 옆에 있어줘

내가 너를 바라보는 시선을 느끼면
사건의 지평선 그 너머에서도
견우와 직녀를 갈린 은하수에서도
시간의 바깥 수평선에서도
하나둘 셋의 소리가 들리면 와줘

아니면 내가 가는 걸 허락해줘

너에게 보내는 수신호는 123이야
하나둘 셋 그리고 나를 봐주지 않는
어떤 멍청이에게

초콜릿

너는 내가 준 초콜릿을 먹고는
웃으며 달다는 표정을 지었어
고마움을 전하던 환함은 아직 기억에 머물러

두 번째 초콜릿을 먹고는
나의 어깨를 살짝 감싸 쥐고
네가 가진 마카롱을 건네어 주곤 했어

그 두 번째 초콜릿에서
너와의 인연을 멈출 걸 그랬나 봐

세 번째, 네 번째, 다섯 번째
초콜릿을 쥐어 든 너는
물린 표정을 지으며

나에게는 미소도 마카롱도 없이
다른 사람을 찾아 걸어가며

민트 하나를 조용히 입에 물었어

민트를 문 너를 보지는 못했지만
떨어지는 쓰레기에는 분명
입을 헹궈내는 민트향이라고 적혀 있었으니까

푸르던 우리의 계절은

푸르던 우리 계절의 시작은
가장 처음 코끝이 빨갛던 어느 날의 겨울
아직 채 녹지 않은 눈에서
대화하던 그날의 젊음

녹아내린 눈과 피어나던 싹
조화를 이루는 노래 아래
푸름이 본격적으로 시작되어

파란 하늘과 오후 8시에야
해가 지는 백야 가득한 여름이
찾아오면 푸른 우리 계절을 잡고
놔주기 싫어서 괜히 더 투정을 부렸어

가을이 되면 낙엽과 함께
바삭 떨어져 아스라이 사라질
푸르던 우리의 계절은

그 어떤 노래보다 시보다 아름다웠는지도 몰라

폭망

드러내는 마음을 도려내는 사람을
하루 종일 생각하며 하루를 보냈고

몸이 쓰라리던 그날에도 나는 너에게
시간을 따다 주었는데

너에게 있어 나는 그냥 마음이 있고
시간이 있는 사람이었을 뿐,

너는 내가 이걸 왜 주는지 생각
조차 못 하는 사람이었을 뿐,

이번에도 내 외사랑은 폭망

연서

연서, 그래 그 편지는 사물함 밖으로
끝내 발을 디딜 수 없었다.
전해지지 못할 사랑 쪽지는
고이 아무 말도 없이 묻혔다

그 마음마저 사물함 안에서
자물쇠로 힘주어 묶어 버리고는
네 앞에서 아무렇지 않게 웃음 지었다

전하지 못할 진심을
도달하지 못할 시간에서
아무도 모르는 마음을 담아
그렇게 꾹꾹 눌러쓴 연서

마음을 넣은 글귀에
비참함과 애틋함을 섞어낸
눈물을 두 방울 담아

오늘도 나는 아무렇지 않은 척
주지도 못할 연서를 들고 너에게

특이 체질

시간이라는 약에 부작용이 있는지
가면 갈수록 생각나는 그 사람에
오늘도 조용히 눈을 감고
물과 함께 약을 한 번 더 먹는다

나는 약이 받지 않는 특이 체질이라
약을 먹을수록 머리가 깨질 듯이 아프고
생각은 미친 듯이 많아지기만 하는데

시간이라는 약은 정말 들지 않은 건지
날을 지새울수록 선명해지는 모습에
이를 꽉 깨물고는 해

매몰 비용

너에게 투자한 시간을
다신 보상 받을 수 없을 거라는 걸
조금 더 일찍 깨달았으면 참 좋았을 텐데

난 멍청하게 네가 내
진심을 알아주리라 생각하고
매몰된 시간의 오류를 인지하지 못한 채
너만을 보며 살아왔어

매몰 비용의 오류라는 건
아마 너를 담은 내 시간 속에
나는 없다는 걸 의미할 거야

소용돌이

소용돌이는 일렁거리다가
이내 가만히 있는 한 사람을
전부 집어삼키고, 헤어날 수 없는 파도 안으로
끌고 들어가서는

너라는 사람이 나에게 딱 그래서
거대한 소용돌이 속에 갇혀서
밖으로 빠져나오지를 못해

나보다 딱 하루만 더 살아줘

나중에 네가 좋아하는 사람이 생긴다면
딱 너 같은 사람을 좋아하며
나만큼만 사랑을 해 봤으면 좋겠어

그렇게 하루하루를 버리며
그 사람을 생각하다가
문득 들 내 생각에 짧게 눈물을
흘리기를 바라

그렇게 나보다 하루만 더 살아줘
내가 눈을 감은 그 순간까지도
네가 사랑하던 사람을 떠올리며
내가 사랑하던 시간을 기억해줘

추억에 감정이 뒤섞여
메스꺼운 속을 끌어안고
왈칵이는 눈물을 흘려줘

그리고 오래 아프지는 않게
나보다 딱 하루만 더 살아줘

오버 더 문

'달 너머는 뭐가 있을까?'
라는 상상은 내가 저 달의 뒤편을
보지 못해서 할 수 있는 상상일 거야
뒤에 그 무엇도 없을 수 있으니

그러니 너를 좋아한다는 건
내가 너를 이상으로 보고 있기에
그런 걸 거야

나는 너를 이상으로 봐서
저 달의 뒤편 같은 너를
아직 관측하지 못했어

한 번만 뒤를 돌아서
나랑 눈을 맞추어 줄 수는 없을까?

짝사랑이 제철

사계의 제철 과일을 뽑으라면
나는 망설임 없이 짝사랑을
뽑으려고 해

봄철 딸기와 겨울철 귤의
새콤한 향이 몸을 감싸고
여름철 복숭아와 가을철 사과의
달콤함이 입을 끌어안는

그 모든 감정을
그 정의할 수 없는 맛을 느끼게 하는

이번 연도 사계의 제철 과일은
짝사랑으로 할래

미완의 노래

미완성본의 사랑 노래를
무의식적으로 입에서 흥얼거렸어.
너는 나에게 노래의 제목을 물었고

완성되지 않은 노래라
아직 제목이 없다고 얼버무렸지만.
이 노래의 주인공은 너라서

아마 영원히 완성되지 않을 거야
그래서 너에게는 끝까지 제목을
알려줄 수 없겠지

지구력

짝사랑에 매달려서
버티는 힘에도 한계가 있다는걸
너도 알지 모르겠네

내가 생각보다 지구력이 없어서
더 이상 버티기는 지치는데
내가 지쳐 가는 걸 봤는지도 모르겠네

어쩌면 보고도 모른 척하는 건 아닐지
자꾸만 불안해져서 내 지구력이
한계를 다하기 전에 나에게 와주길 바라

이름도 모르던 사이

너와 처음 만났던 겨울에는
너만 내 이름을 알고 나는 너의
얼굴조차 모르던 때였는데

이제 나는 너의 사소한 습관마저
알아버렸고, 너는 나에 대한 그 어떤 것도
모르는 사이가 되었어

이름도 모르던 사이는
이제 완전히 뒤집혀서
갈수록 감이 잡히지를 않아

연애 고사

어떤 표현법을 써야만
내 마음이 덜 부담스럽게 전해질까
수없이 고민한 그 말을
너는 어떻게 받아들일까

나에게 선택지를 보여줘
수없이 쳐온 시험의 오지선다처럼
하나의 답을 고를 수 있는
선택지를 보여줘

차라리 거기서 정답을 선택하고
너의 호감도를 올리는 편이 나을 거 같아
내 마음을 주관식으로 표현하는 건
도저히 찍을 수가 없어서

틀리진 않을까 겁이 나는데
아무것도 안 쓰면 맞을 거라는 희망도 없어서

연애 고사를 본다는 게 좀 힘들어

블루밍

꽃을 피우듯
마음을 피웠고

꽃이 향기를 내듯
너를 보며 웃었어

사람들이 꽃을 뽑을 때
너는 내 마음을 뽑아 갔고

뿌리조차 남지 않은 꽃은 눈물을 흘렸어

그래도 그 자리에 꽃은 다시 자라겠지
내 마음이 그랬던 거처럼

네가 아무리 마음을 뽑아도
미련하게 자라나는 사랑처럼

사랑옵다

그만 좋아하겠다는 그 말이
거짓되지 않기를 매일 빌었다.
그냥 양치기 소녀가 될 뿐이었지만,

내가 그 거짓말을 하면서도
너를 좋아한 이유는
오로지 하나였다.
네가 아니면 안 될 것만 같아서

포기할 수도 없게,
한 사람을 거짓말쟁이로 만드는
너임에도

그래, 참 사랑옵다

달맞이꽃

밤을 달려서 너의 집 창문에
놓고 온 꽃이 달맞이꽃이었던 이유는

나는 너를 달이라 생각해서
네 환함을 보면 그 꽃이 피어나리라
생각해서라

활짝 필 꽃 안에 내 마음을
꼭꼭 눌러서 담아 놓을게
꽃을 보면, 너희 집 화분에
고이 담아놔줘

피어나 있는 꽃을
짓밟지만 말아줘

하늘구름눈물한방울

그 어떤 미신도 믿지 않는 사람이
하나의 미신에 홀리는 이유는
감당할 수 없는 간절함을
어딘가 풀어둘 곳이 필요해서

그렇기에 나는 오늘도
사랑을 이루어 주는 주문을
찾아서 헤매고 다녀

조용히 노트에 쓰는 하나의 글귀
하늘구름눈물한방울

여행용 티슈

나에게 너는 캐리어였어
여행을 가면 모든 짐을 담아두듯
나의 모든 마음을 맡길 수 있는
없어서는 안 될 존재, 내 모든 걸 넣어둔
나에게 너는 캐리어였어

너에게 나는 대체 뭐였어?
한낱 휴대용의 여행용 티슈였어?
네가 연락하면 바로 달려오는 게얼마든지 어디서든
지 살 수 있는 티슈와 같아서였어
아니면, 쓰다가 얼룩지면 버리면 되는 가벼움이라
그 모습이 여행용 티슈 같아서였어

너에게 나는 대체 뭐였어?
너의 마음을 담기에 내가 너무 작아서
캐리어가 될 수 없었던 거야?

2의 편지

1 2 3
4 5 6
7 8 9
　 0

514709635

순서대로 누르면 나오는 하트에서
나라는 2는 네 사랑의 틀에
끼지 못하는 사람이었어

숫자의 나열로 만들어진 모양에
나라는 2는 두 번씩 들어가는 5를
가운데에 놓여있는 8을
그저 부러워할 수밖에 없었어

네가 그린 하트의 중심에도
그려지는 하트의 숫자에도
어디에도 끼지 못하는 나는

013456789

홀로 남겨진 2
평생 둘이 되지 못할 2
옆에 너 말고 다른 사람이 있을

나는 그런 아이

캠프파이어

밤하늘을 메우는 노랫소리와
땅을 채우는 웃음소리
환히 비춘 모닥불 둘러앉은 사람들

옆에 앉아 조용히 불을 쬐던
네 모습이 아직도 나는 생생해

따스한 한밤중
옅게 웃던 네 모습은

아마 시간이 지나도
기억 언저리에 박혀서
오래도록 잊지 못하는
한편의 추억이 되겠지

오후 9시부터 새벽 2시

오후 9시부터 새벽 2시,
어릴 적에는 이 시간이
성장 호르몬이 나오는 시간이라
빨리 자야 한다는 말을 들어왔는데

너를 좋아한 뒤부터 이 시간은
사랑이 더 커지는 시간이 되어 버려서
밤에 잠을 못 이루는 시간대가 되었어

사랑 호르몬이 가장 커지는 시간
이 시간을 보내면 너를 생각하는
마음이 자꾸만 커져서
성장통 때문에 가슴이 아파와

４부

오버 스파클링 유스

나에게 청춘은 마치 탄산수 같아서

한 모금 삼키면 목이 따끔거리고

톡 튀는 탄산에 눈물이 맺힌다

너를 좋아하던 모든 시간이

나에게는 탄산수여서

밤 중에 혼자 눈물을 흘린 적도

있다는걸, 너는 절대 모를 거라서

너를 만나던 날에는

항상 웃고 있었기에, 나를 밝다고 보았겠지만

너를 만나지 않는 날에는

혼자서 탄산수를 한 모금 마시고

참 많이도 울었어

아주 약간의 시간 낭비

혹시 아주 우연이라도 널 마주하진 않을까
밖에서 혼자 30분을 기다린 적이 있어

잠깐이라도 대화하던 순간이 좋아서
집을 돌아서 간 적도 있어

너와 이야기하던 시간이 행복해서
쉬는 시간이 생기면 대화창만 보기도 했어

너를 사랑했던 모든 순간이
나에게는 이루어질 수 없다는걸
알면서도 한 시간 낭비고

시간 낭비라는 걸 알면서도
웃어온 모든 순간에
아까움은 없었어

버튼

너를 좋아한다는 마음이
버튼 하나에 꺼졌다가 켜지면
참 좋을 거라는 생각을 한 적이 있어

내 마음대로 그게 된다면
참 행복하겠다고 생각했는데 말이야.

막상 나는 그 버튼을 받아도
끄지 않고 계속 너를 좋아할 거 같아

좋아하는 마음에 자의를 붙여도
그 자의마저 거절하고 널 사랑할 것만 같아

델피니움

꽃집에 들러서
델피니움 한 송이

그 한 송이를
너에게 전해주고 싶었어

너는 나에게
말을 가리지 않고 하지만

나는 너에게
말 한마디가 조심스러워서

꽃으로 하고 싶은 말을
전달하고 싶었어

있잖아,
델피니움의 꽃말은
왜 당신은 나를 싫어합니까래

미로

출구 없는 미로에 갇혀서
참 오래도 헤맸다

뜻대로 되지 않는
길 어딘가에서 주저앉아
땅바닥에 그림을 그렸다

지나간 길에 남긴 흔적이
지워지지 않기를 바라면서

마침내 너의 마음이라는
미로에서 빠져나가는 출구를
발견했을 때

그 출구로 쉽사리 발을 뗄 수
없었다

내가 여기서 나가 버리면
너에게 남긴 내 흔적이
나와 함께 사라질까

나는 네게 모닥불

장작을 주세요 마음이 더
활활 불탈 수 있게요

소화수 말고요
차갑게 식어 재가 되기는 싫어요

저는 작은 모닥불이라
장작과 물에 생사가 오가요

환영

눈을 떴을 때
네가 내 앞에서 웃고 있었다
너에게 다가가는 나를
너는 환영해 주었다
그 미소를 아직 기억한다
너무나 따뜻해서

다시 눈을 떴을 때
너는 내 앞에 없었다
너에게 다가가지도 못하게 사라졌다
너는 그저 내 바람이 만든 환영이었다
그 씁쓸함도
오래 남아서 기억할 것만 같다

레모네이드

찬란한 색으로 만든 레모네이드
보기와 다르게 신맛일 수 있습니다

신 레몬
달콤한 설탕

우리의 사랑은 레모네이드
다소 시게 느껴질 수도 있습니다
가끔은 달겠지요

한 바퀴 반을 돌고 또 한 바퀴 반을

우연히 마주친 척
한 번 해보겠다고
네가 올법한 길을 한 바퀴 돌고
반 바퀴를 더 돌았다
네가 있는데 못 본 걸까 봐

20분 정도 걸어도
보이지 않는 모습에
엇갈렸을까 봐 한 바퀴
반을 더 돌았다

세 바퀴를 돌고 나서야
너와 오늘은 마주칠 수 없겠구나
생각하고 걸음을 옮겼다

한 바퀴 반을 돌고 또 한 바퀴 반을
그렇게 몇 걸음씩 옮겨가며

너와 우연한 척 말을 걸 구실을 만든다

 그거 알아? 그 어떤 우연도 사실은 필연이란 걸
너와 내가 만난 우연은 내가 만든 인연이란 걸

엑스트라

너라는 배우에게 있어서
나라는 사람은 상대 배우는
아니더라도, 조연까지는 될 줄 알았어

조연이 되어서라도 네 옆에
머물고 싶었어

근데 있잖아, 너에게 나는
그저 엑스트라일 뿐이었나 봐

이름도 얼굴도 기억나지 않는
그저 그런 엑스트라일 뿐이었나 봐

내가 네 옆자리에 가기까지
얼마나 많은 노력을 해야 할지
감이 잘 안 잡혀

사랑이라는 날

살면서 절대 몸에
칼을 대지 않으려고 했어
스스로 상처를 입히는 일은
상상할 수도 없어서

근데, 마음에 스스로
상처를 입힐 줄은 몰랐어
너를 사랑하는 일은
나를 해치는 일과 같아서
그걸 아는데도 그만두지 못해서

나에게 있어 사랑은 꼭 스스로를
해치는 일과 같아

줄타기

외줄을 타며 이리저리 휘청이다
넘어져서 팔 한쪽이 부러져도

외줄을 넘으며 이리저리 넘어지다
따가운 돌부리에 팔다리가 상처 입어도

사랑이란 줄타기를 멈추는 법을 몰라서
성공할 그때까지 휘청휘청

전부

너는 나의 전부였다
내가 살아가는 이유였다
웃는 이유였다

나는 내 마음의 전부를 불 질렀다
다 녹슨 마음이 삐걱대서
내 전부를 해치기 전에

그 모든 거에
너라는 모든 것을
네가 남긴 그 모든 추억을
남김없이 태웠다

그리고 살짝 울었던 거 같다
너라는 흔적이 남아 있지 않은 거에
조금 절망했을지도 모르겠다

비행운

너라는 비행기가
나라는 하늘을 향해
높이 고공으로 떠올랐다

날아오르며 하늘에 생긴
꼬리 모양의 구름은

단조롭던 하늘에 생긴
하나의 길이었다

하늘은 다시 한번
비행기가 비행운을 남겨주기만
기다리고 있다던데

다른 하늘을 날고 있는 걸까 넌?

시차

우리 분명 같은 나라에
있는 거 아니었던가

왜 너의 응답은 나의 대답을
보낸 후, 5시간 뒤에야 오는 걸까

너와 내가 살아가는 시간에
정말로 시차가 있는 걸까

우리가 살아가는 시간은
이대로 계속 엇갈리는 걸까

문스트럭 투 유

사랑에 빠지고 나서 사람이
살짝 이상해진 모양이야

하루를 살아가는 시간에
너밖에 보이지 않아서

시간을 보면 너의 생일이 떠오르고
색깔을 보면 너의 옷이 떠오르고
카페를 가면 네가 마시던 음료수가 떠올라서

물건 하나에 꽃잎 하나에
너의 향기가 또 너의 모습이
잔잔히 깔려 있어서

약간 이상하게도
난 지금 너를 사랑하고 있나 봐

일차선도로

내가 너에게 가는 길은
일차선도로라서
후진하면 뒤따라오는
차에 박을지도 몰라

그래서 너를 좋아하는
마음은 후진조차 못 하고
너라는 목적지를 향해서
하염없이 직진만

우연이라도 마주치지 말자

포장지를 사서
마음을 넣고 꾸미고
너에게 줄 편지와 함께 포장해서
너를 찾는 순간마저도
기대감에 부풀어 좋았었는데 말이야

그 선물이 왜 다른 사람에게
가 있냐고 물어보면 너는 모른 척
시선을 피하려나

우리 우연이라도 마주치지 말자
내가 준 그 마음을 네가 아니라
다른 사람이 들고 있는걸
보게 된다면, 정말 그 자리에서
펑펑 울지도 모를 거 같아

사랑 방정식

[짝사랑]
(좋아함을 자각하는 순간+그럴 리 없다는 부정)^2
+(이뤄질 거라는 헛된 희망×이뤄질 수 없을 거라는 현실 자각)
+마음을 숨기려는 태도+잘 되는 망상과 사랑을 이뤄주는 주문

[외사랑]
(좋아함을 자각하는 순간+그럴 리 없다는 부정)^2
+(이뤄질 거라는 헛된 희망×이뤄질 수 없을 거라는 현실 자각)
+마음을 티 내는 행동+2(알면서 모르는 척하는 그 사람의 웃음)

[연애]
증명 불가

해바라기

해바라기가 해를 봐도
해는 해바라기를 보지
않는다는 말이 있더라

근데 해바라기가
해가 자기를 안 봐준다고
고개를 숙인 적 있었어?

그러니까,
이게 내가 너를 볼 때
굳이 네 눈을 마주치려는 이유야

네가 날 보지 않아도
내가 너를 보면 돼, 그거 정도는
허락해 줄 수 있잖아

아라비안나이트

저 멀리 누구도 알 수 없는 사막 아래
나지막이 묻혀버린 우리의 사랑 얘기

그 덥고 뜨거운 모래 속을
서서히 거치며 녹은 우리의 마음속은 말이야.

이제는 다시는 찾을 수 없게
잔뜩 해지고 흩날려서 그 사막을
거치고 거쳤고, 오아시스를 건너
차가운 밤을 모닥불 없이 보냈어

우리의 이야기는 그렇게
인생이란 기억 속 하나의 이야기로
남겠지, 그런데 있잖아
난 우리가 보낸 기억을
이대로 잊고 싶지 않아

내가 매일 밤 우리가 사랑한 기억 속
하나의 이야기를 들려주면,
그렇게 1000일을 거쳐
이야기를 해 주면

우리의 천일야화가 끝나도
우리 사랑이란 목숨은 안 끝나지 않을까

우리만의 아라비안나이트를 만들어줘
이대로 나를 잊지 말아줘

눈치는 누가 없는 건지

나는 지금까지
내가 좋아하는 마음을
수도 없이 티 냈는데
네가 그걸 눈치가 없어서 모른다고
생각해 왔어

그런데 혹시
눈치는 내가 없었던 걸까?
정말 내 마음을 알면서
모른 척한 거야?

칼로리는 0입니다

너와의 사랑 그
칼로리는 0이었다

먹어봐야 그다지
영양가가 있는 것도 아니었다

칼로리가 0이라는
이야기가 좋았던 걸까

대체 우리의 사랑은 뭐였던 걸까

우산도 없는데 벌써 장마야

아직 우산을 사지 못했다

그렇다고 우산을 제대로 고쳐둔 것도 아니었다

하늘에서는 여름을 알리듯
사랑비가 쏟아지기 시작했다

아마 이번 장마도 오래갈 것 같다
우산 없이 사랑비를 잔뜩 맞고
상사병이라는 열병을 앓을 것 같다

사랑 맛

맛이 진한 음식은
먹으면 먹을수록 물리기 마련이다

색이 진한 사랑도
너에게는 마찬가지였던 걸까

받으면 받을수록
뻔해지고 물렸던 사랑일까

내가 준 사랑에 대해
응답해 주면 좋겠어

사랑 맛이 너무 진해서
그 사랑을 받다가
물린 거야?

나한테 청춘은 과하게 톡톡 튀어

청춘을 살아내는 방법은
사람마다 참 다양하다던데

내 청춘의 모양새는
꼭 탄산수를 닮은 너였어

정말 과한 탄산이라는 걸
알고 있었는데 말이야
그럼에도 남아 있는 탄산수를
바닥에 쏟아부을 수는 없었어

그래서 말이야 나는
이 글에 이름을 하나 붙였어
오버 스파클링 유스라고

나한테 청춘은 조금 과하게
톡톡 튀었던 거 같아

작가의 말

가장 처음 여러분에게 질문을 하나 던졌습니다.
"여러분에게 사랑은 무엇인가요?"

저에게 사랑은 '나도 몰랐던 나를 발견하게 하는 경험'입니다.
늘 시간을 아끼고, 무뚝뚝한 표정을 지으며 살던 내가 어느 순간 누군가를 생각하며 눈을 반짝이고, 말없이 미소 짓는 모습을 보게 되는 그런 순간 말이죠. 사랑은 때로 우리를 당황스럽게 하고, 익숙한 나를 낯설게 만듭니다. 그래서 사랑은 마치 내 안에 숨겨진 새로운 나를 찾아내는 여정 같습니다.

이 시집 『오버 스파클링 유스』에는 그런 사랑이 담겨 있습니다.

톡 쏘는 탄산수처럼 달콤하지만 따끔거리고, 반짝이며 빛나지만 언제 어떻게 터질지 모르는 불안한 감정들이 이곳에 있습니다. 사랑은 무작위로 우리 곁에 찾아와 준비되지 않은 마음을 뒤흔들고, 예상치 못한 모습으로 우리를 변하게 만듭니다. 때로는 행복을 선물하지만 때로는 지치고 힘들게 하기도 합니다.

여러분도 분명 사랑을 통해 변화했을 겁니다.
어쩌면 사랑 때문에 가슴 한 켠이 아팠고, 어떤 날은 미소 짓기도 했을 겁니다. 사랑이 우리에게 남긴 상처와 기쁨, 그리고 모든 순간이 모여 지금의 우리가 되었다고 생각합니다. 이 시집을 읽으며 여러분 자신의 사랑을 떠올려 보셨으면 좋겠습니다.

'나에게 다가온 사랑은 어떤 모양이었을까?'
이 질문에 대한 대답은 모두 다를 것입니다.
어떤 이는 여름 불시착의 주인공처럼 우연히 찾아와 얼떨결에 함께하게 된 사랑을 기억할 수도 있습니다. 또 다른 이는 아라비안나이트와 책갈피의 인물들처럼 이별의 순간에도 쉽게 떠나지 못하고 마음을 붙잡

앉던 사랑을 떠올릴 것입니다. 혹은 고무줄놀이처럼 말 한마디 못 붙여 본 짝사랑일 수도 있겠지요.
사랑은 그 어떤 예측도, 계획도 없이 우리에게 찾아와 생각과 마음을 어지럽히고 떠납니다. 그래서 사랑의 모습은 한결같지 않고, 누구도 똑같은 사랑을 겪지 않습니다. 이 시집 속 이야기들은 모두 다르지만, 그 누구도 낯설지 않은 '우리의 사랑'에 관한 이야기입니다.

사랑은 청춘과도 같습니다.
톡톡 튀고, 때론 과하게, 때론 아프게 다가와 우리를 성장시키고, 또 상처 입히지만, 결국은 우리 안에 깊이 새겨지는 기억으로 남습니다. 『오버 스파클링 유스』라는 제목처럼, 과하게 반짝이는 청춘의 순간들 속에 사랑이라는 달콤하고 쌉싸름한 감정을 담았습니다.
이 시집이 여러분의 청춘과 사랑에 작은 공감과 위로가 되기를 바랍니다.

그리고 언젠가 여러분의 '사랑의 모양'을 다시 떠올릴 때,
이 시집이 함께했던 기억으로 남기를 소망합니다.
여러분의 청춘과 사랑에 늘 빛나는 스파클링이 가득하길 바라며.

                2025년, 글을 집필하던 여름에서부터
                        작가 연희소 올림

오버 스파클링 유스

초판 1쇄 인쇄 2025년 8월 18일
초판 1쇄 발행 2025년 8월 18일

지은이   연희소

디자인   포레스트 웨일
펴낸이   포레스트 웨일
펴낸곳   포레스트 웨일
출판등록   제2021 - 000014 호
주소   충청남도 아산시 탕정면 용머리길 40 유니콘101 216호
전자우편   forestwhalepublish@naver.com

종이책   979-11-94741-40-4

ⓒ 포레스트 웨일 | 2025
· 이 책은 저작권법에 의하여 보호받는 저작물이므로 무단 전재와 복제를 금합니다.
· 이 책 내용의 전부 또는 일부를 이용하려면 사전에 저작권자와 포레스트 웨일의 서면 동의를 얻어야 합니다.

작가님들과 함께 성장하는 출판사
포레스트 웨일입니다.
작가님들의 소중한 원고를 받고 있습니다.
forestwhalepublish@naver.com